Dominik Horst

Wer 2:0 führt, der stets verliert

Dominik Horst

Wer 2:0 führt, der stets verliert – Angewandte Sportpsychologie an ausgewählten Situationen

Bibliografische Information der Deutschen Nationalbibliothek: Die Deutsche Nationalbibliothek verzeichnet diese Publikation in der Deutschen Nationalbibliografie; detaillierte bibliografische Daten sind im Internet über http://dnb.dnb.de abrufbar.

Umschlagsgestaltung und Verlag: BoD · Books on Demand GmbH, In de Tarpen 42, 22848 Norderstedt, bod@bod.de

Druck: Libri Plureos GmbH, Friedensallee 273, 22763 Hamburg

ISBN: 978-3-7693-7543-5

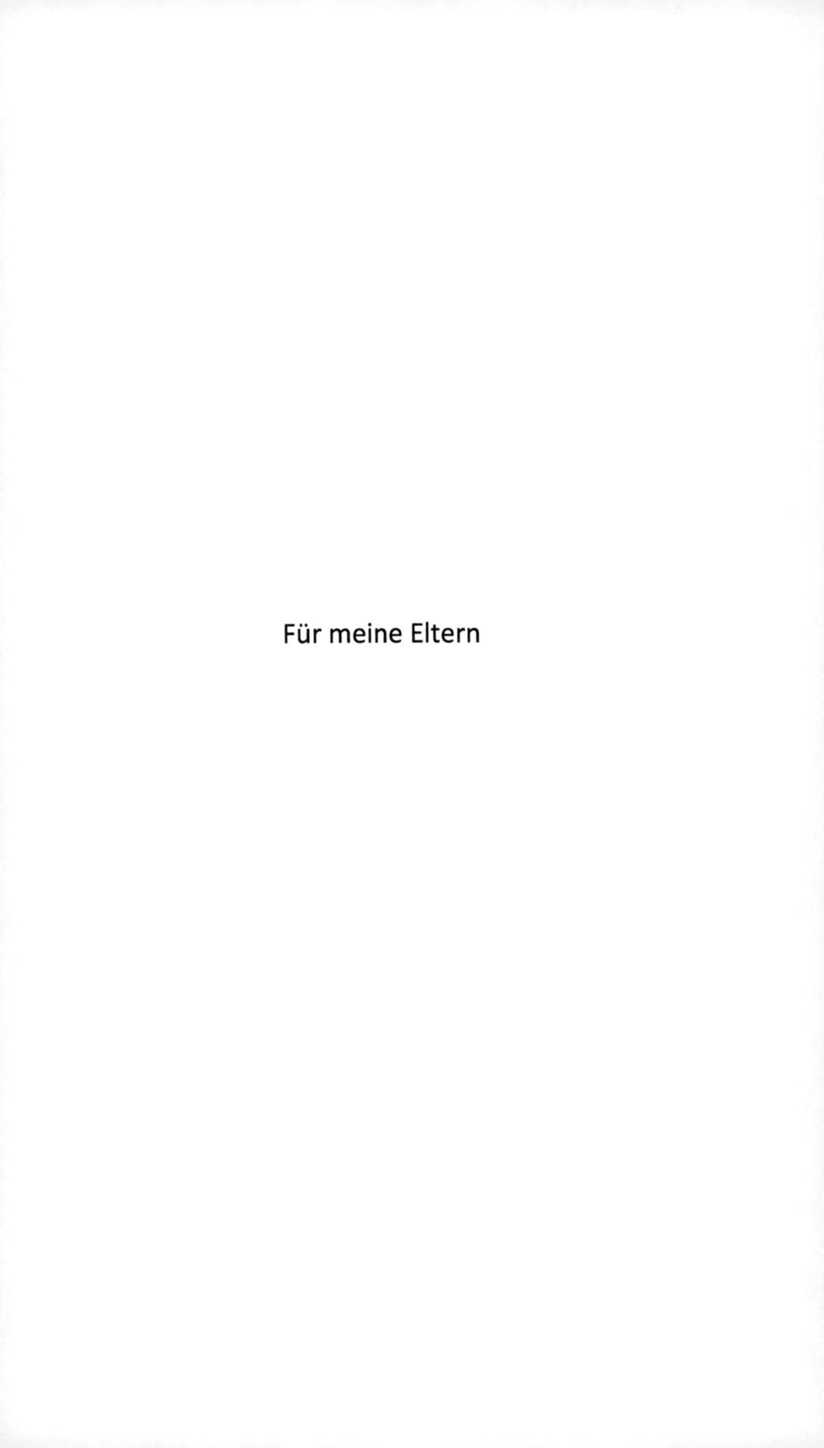

Für meine Eltern

Inhaltsverzeichnis

Vorwort

Wenn wir Sport treiben, sind die Komponenten der sportlichen Leistung klar definiert. Wir brauchen Technik, Taktik, soziale Fähigkeiten, Kondition (Ausdauer/Kraft/Beweglichkeit/Schnelligkeit), Talent/Gesundheit und Psyche. Eine allgemeingültige Relevanz der einzelnen Komponenten gibt es nicht, da für unterschiedliche Sportarten die einzelnen Komponenten mal mehr, mal weniger wichtig sind (ein 100-m-Sprinter benötigt keine sozialen Fähigkeiten, die ein Handballspieler benötigt). Im Laufe unserer sportlichen Ausbildung werden wir von unseren Trainern/innen[1] in den einzelnen Komponenten gefordert und gefördert. Talente werden gesichtet und genießen eine zusätzliche Förderung, verbunden mit der Hoffnung, dass sie immer weiter aufsteigen. Je weiter man die Karriereleiter aufsteigt, umso mehr erreicht man in einigen Komponenten sein persönlich

---

[1]Aus Gründen der Lesbarkeit wird in diesem Text auf die gleichzeitige Verwendung männlicher, weiblicher und diverser Sprachformen verzichtet. Sämtliche Bezeichnungen gelten jedoch für alle Geschlechter gleichermaßen.

höchstes Niveau und muss immer mehr trainieren, um immer kleinere Leistungssprünge zu erzielen. Was in dieser sportlichen Ausbildung nie bewusst trainiert bzw. vernachlässigt wird, ist der Bereich unserer mentalen Fähigkeiten. Sicherlich gibt es einige Trainingsübungen, die dazu verwendet werden, damit man in Drucksituationen seine Leistung erbringen kann.

Es gibt jedoch in jeder Sportart genug Situationen, in denen wir psychisch überfordert sind und anschließend Fehler machen, die wir in einem ausgeglichenen psychischen Zustand nicht gemacht hätten. Ich werde Sie als sportbegeisterte Leser mit ausgewählten Situationen konfrontieren und ihnen Lösungsmöglichkeiten aufzeigen. Ihre Aufgabe wird es sein, dass sie die Situationen auf Ihre Sportart projizieren. Es sei jedoch zu Beginn gesagt, dass es sich bei den Situationen und Lösungsansätzen um Hypothesen handelt, denen keine empirische Studie zugrunde liegt. So oder so wird dieses Buch Sie zum Nachdenken anregen, Ihre Sichtweise auf Spieler und Trainer ändern und vielleicht der Wissenschaft als Ansatzpunkt dienen, sportliche Phänomene näher zu untersuchen.

Ich kann das nicht … Doch!

Meine Vorhand ist eine Katastrophe!

Spieler A bereitet sich auf sein Tennisspiel gegen Spieler B vor. Er trainiert vor dem Spiel seine Vor- und Rückhand. Er ist zufrieden mit sich und seiner Leistung. Der Tag des Spiels steht an. Physiologisch und mental gut vorbereitet beginnt er das Spiel und merkt, dass mit seiner Vorhand irgendetwas nicht stimmt. Er versucht, beim nächsten Ballwechsel zu korrigieren. Sind es technische Fehler, die er macht? Liegt es an der Beinarbeit? Konditionelle Schwächen? Die Liste der möglichen Ursachen wird länger und länger, aber das ganze Analysieren bringt nichts, die Vorhand ist nicht so gut wie im Training; sie ist heute einfach eine Katastrophe! Enttäuscht beendet Spieler A das Spiel.

Mit so einer oder einer vergleichbaren Situation wurde jeder schon einmal in seiner Sportart konfrontiert. Einfache Automatismen, die normalerweise funktionieren, klappen einfach nicht.

Was passiert in uns und wie können wir diese Situation retten?

Die Attributionstheorie

Bevor wir uns mit konkreten Beispielen befassen, hier ein kleiner Einblick in den Umgang mit Erfolg und Misserfolg.

Wenn wir eine gute oder eine schlechte Leistung vollbringen und auf Ursachenforschung gehen, werden wir laut der Attributionstheorie zuerst den Ort der Ursache analysieren. Dieser findet sich entweder innerhalb (internal) oder außerhalb (external) der Person. Wenn ich eine Leistung vollbringe, frage ich mich, ob ich für diese Leistung selbst verantwortlich bin (internal) oder ob es äußere Einflüsse gibt, die auf meine Leistung eingewirkt haben (external).

Parallel zum Ort der Ursache betrachtet man die zeitliche Stabilität (stabil oder variabel). (Vgl.: *Robinson & Howe* (1989). Appraisal Variable/Affect Relationship in Youth Sports: A Test of Weiner's Attributional Model. Journal of Sport and Exercise Psychology, 11.)

Kombiniert man nun den Ort der Ursache mit zeitlicher Stabilität, entstehen folgende Cluster, mit Beispielen:

	Internal	**External**
Stabil	Fähigkeiten (z. B. sportliches Talent)	Aufgabenschwierigkeit (z. B. Schwierigkeit einer Übung)
Variabel	Anstrengung (z. B. gezeigte Leistung)	Zufall (z. B. Glück bei einem Aufschlag)

Innerhalb der Person + stabil = Fähigkeit

Sucht man die Ursache bei sich selbst (internal), fragt man sich selbst, ob man die nötige Fähigkeit besitzt, die Aufgabe zu meistern. Die eigene Fähigkeit ist ein **stabiler** Zustand: Entweder ich besitze die Fähigkeit, einen Ball zu fangen, oder ich besitze die Fähigkeit nicht.

Innerhalb der Person + variabel = Anstrengung

Sucht man die Ursache von Erfolg oder Misserfolg bei sich selbst (internal), fragt man sich selbst, ob man sich genug angestrengt hat. Anstrengung ist ein variabler Faktor und kann in der nächsten Situation verändert werden.

Außerhalb der Person + stabil = Aufgabenschwierigkeit

Sucht man die Ursache von Erfolg oder Misserfolg außerhalb der eigenen Person, spielen äußere Faktoren (Umwelt) eine wichtige Rolle. Diese Umweltfaktoren können **stabil** sein, was bedeutet, dass sie in ihrem Kern nicht veränderbar sind. Das Ergebnis von dieser Konstellation ist die Aufgabenschwierigkeit.

Wir bekommen beim Hochsprung die Aufgabe, über 1,60 m zu springen. Für den einen gestaltet sich dies als schwere Aufgabe, weil er es bisher nur über die Marke 1,50 m geschafft hat. Er kann bei einem Misserfolg die Aufgabenschwierigkeit verantwortlich machen.

Für den anderen, der bisher schon über 1,80 m gesprungen ist, wird bei einem Misserfolg die Ursachensuche schwierig. Da es sich aus seiner Sicht um eine leichte Aufgabe handelt, kann er die Aufgabenschwierigkeit nicht für seinen Misserfolg verantwortlich machen.

Außerhalb der Person + variabel = Glück/Pech

Sucht man die Ursache von Erfolg oder Misserfolg außerhalb der eigenen Person, spielen äußere Faktoren (Umwelt) eine wichtige Rolle. Da Umweltfaktoren **variabel** sein können, spricht man in diesem Fall dem Zufall eine große Rolle zu. Man kann schlichtweg Glück oder Pech haben. Beim Wurf auf das Handballtor springt der Ball vom linken Innenpfosten an die Schulter des Torhüters, um anschließend die Torlinie zu überqueren.

Wir haben demnach vier Möglichkeiten, unseren Erfolg bzw. Misserfolg zu rechtfertigen. Jede Ursachenzuschreibung wird unsere nächste Situation positiv oder negativ beeinflussen.

Welche dieser vier Theorien wählt man also?

An dieser Stelle muss man zwischen Erfolg und Misserfolg unterscheiden.

Hat man eine erfolgreiche Aktion hinter sich, sollte man die Ursache innerhalb der eigenen Person suchen. Es fühlt sich gut an und stärkt das Selbstbewusstsein, wenn man zu sich sagt: „Ich habe das gerade gut gemacht, weil ich mich angestrengt habe." Oder: „Ich habe das gerade gut gemacht, weil ich die Fähigkeiten besitze." Sucht man die Gründe außerhalb der eigenen Person („Das war Glück" oder „Diesen Korb zu werfen, war nicht schwer") relativiert man die eigene Leistung und stärkt in diesem Fall nicht das Selbstvertrauen.

Verlief die Aktion nicht zur Zufriedenheit, sollte man aus taktischen Gründen die Ursache außerhalb der eigenen Person suchen. Für den Moment sollte man das Versagen entweder auf die Schwierigkeit der Aufgabe schieben oder das Pech für den Misserfolg verantwortlich machen. Sagen Sie zu sich, dass Sie gerade kein Glück in dieser Situation hatten. („Die Sonne stand ungünstig"; „Das Zuspiel war nicht sauber" etc.).

Es sollte auf keinen Fall der Fehler gemacht werden und die eigene Unfähigkeit als Grund für den Misserfolg herangezogen werden.

Sie können nach dem Spiel die Situation erneut reflektieren. Hier kann auch selbstkritisch hinterfragt werden, ob die Ursachen nicht bei einem selbst lagen. Suchen Sie das Gespräch mit Mitspielern und Trainern und analysieren Sie die Situation gemeinsam. Wenn diese (ausgiebige) Analyse während des Spiels stattfindet, geht Ihnen wertvolle Konzentrationszeit verloren. Je nachdem, welchem Sport Sie nachgehen, kann es durchaus zu weiteren (persönlichen) Misserfolgen führen.

Verhalten des Trainerteams

Auch Trainer analysieren Situationen im Spiel. Sie versuchen herauszufinden, was der Grund des Misserfolgs ist, um wiederum ihrerseits zu intervenieren. Natürlich sollen und müssen sie auf individualtaktische und gruppentaktische Fehler aufmerksam machen. Es ist in der Kommunikation mit Spielern jedoch sehr wichtig, dass sie behutsam vorgehen.

Den Grund des Misserfolgs im Inneren der Person zu suchen, birgt immer die Gefahr, dass sie das Selbstvertrauen schädigen können.

Als Außenstehender ist es zudem schwierig, seinen Spielern eine mangelnde Anstrengung zu attestieren. Wenn sich Ihr Spieler angestrengt hat und es trotzdem zu einem Misserfolg kommt, wäre es falsch, ihn zu einer höheren Anstrengungsbereitschaft zu motivieren. Versetzten Sie sich in die Lage Ihres Schützlings. Wie fühlt er sich nach so einem Ausruf?

Dass es absolut falsch ist, seinem Team eine mangelnde Fähigkeit zu attestieren, wird hier nur der Vollständigkeit halber erwähnt. Beachten Sie aber, dass eine mangelnde Fähigkeit nicht nur mit Worten, sondern auch mit Mimik und Gestik deutlich gemacht werden kann.

Vielleicht ist es auch hier hilfreich, dass Sie für den Moment den Grund außerhalb der Person suchen. Ein „Den Ball konntest du nicht auf das Tor werfen, weil der Winkel zu spitz war!“ hilft Ihrem Spieler für den Moment mehr.

Nach dem Spiel können Sie in einem Gespräch erneut auf Ursachenforschung gehen und diese Situation im nächsten Training als Übung integrieren.

Erfolg und Misserfolg liegen oft dicht beieinander. Überlegen Sie sich gut, welchen Grund Sie für den Erfolg/Misserfolg wählen, damit nachfolgende Handlungen positiv verlaufen.

(Foto: Ralf Litera)

Ob Spieler oder Trainer (oder manchmal auch Dritte), Sie sollten in Ihrem Team eine Gesprächskultur entwickeln, welche von Offenheit und gegenseitigem Respekt geprägt ist. Suchen Sie das Gespräch mit Ihrem Gegenüber und überlegen Sie gemeinsam, in welcher Situation Sie welche Motivation brauchen.

Vielleicht hilft Ihnen zu Beginn des Spiels ein lauter Ausruf des Trainers, um „wach“ zu werden und Adrenalin auszuschütten.

Vielleicht wird aber auch ein aufmunterndes „Kopf hoch, beim nächsten Mal wird es besser“ von dem Spieler als „Das war gerade schlecht von dir, streng dich mal mehr an“ verstanden.

Um solche Fehlinterpretationen zu vermeiden und somit Ihr Team mental stärker zu machen, sind persönliche Gespräche innerhalb der Mannschaft fundamental wichtig.

Du kannst mich mal am A**** lecken

Als Zuschauer und Spieler sind mir im Laufe der Jahre viele Verhaltensweisen von Spielern in unterschiedlichen Sportarten begegnet, die die Spielsituation grundlegend verändert haben.

Ich werde ihnen nun zwei Situationen schildern. Ihre Aufgabe wird es sein, sich diese Situation so gut es geht vorzustellen:

1. Situation: Fußballtraining

In einem Abschlussspiel bei einem Training war es ein knappes Spiel. Beide Mannschaften schenkten sich keinen Zentimeter. Es war ein Spiel mit vielen Torchancen und somit auch vielen Fehlern auf beiden Seiten. Einen eher harmlosen Torabschluss lenkte der Torhüter am Tor vorbei zur Ecke. Der Trainer stand mit verschränkten Armen am Spielfeldrand und kommentierte die Szene mit den Worten: „So einen Ball kann man auch mal festhalten!“ Der Torhüter hörte diesen Zwischenruf, öffnete den Verschluss seiner Handschuhe, zog diese aus und warf sie mit voller Wucht gegen den Fangzaun. Er verließ stampfend das Spielfeld in Richtung Kabine und schrie zum Trainer: „Du kannst mich mal am A**** lecken.“

Auf dem Platz war es still, man konnte eine Stecknadel fallen hören. Wir schauten uns an, schauten dem Torhüter hinterher, schauten zum Trainer und schauten uns wieder an. Unser Spielführer trottete langsam zum Ballsack und begann, die Bälle einzusammeln. An diesem Abend hat niemand mehr vor den Ball getreten.

2. Situation: Volleyballspiel

Vor Kurzem besuchte ich ein Volleyballspiel der Frauen (2. Bundesliga). Mannschaft A spielte gegen Mannschaft B. Mannschaft A gewann den ersten Satz knapp mit zwei Punkten Vorsprung. Der zweite Satz war im Vergleich zum ersten eine souveräne Vorstellung von Mannschaft A. Beim Stand von 19:12 für Mannschaft A wechselte der Trainer von Mannschaft A eine Spielerin aus. Als die Spielerin sah, dass sie ausgewechselt werden sollte, veränderte sich ihre Mimik abrupt. Sie ging stampfend zur

Auswechselzone und klatschte auf dem Weg dorthin keine Mitspielerin ab, obwohl zahlreiche Möglichkeiten zur Verfügung standen. Die Mitspielerinnen schauten ihrer Spielerin hinterher, ihre Gesichtszüge waren durchweg erschrocken.

Die ausgewechselte Spielerin blieb in der Auswechselzone stehen, ihre Mundwinkel waren nach unten verzogen und die Unterlippe zitterte etwas. Als das Prozedere der Auswechslung vorbei war, ging sie an der Trainerbank vorbei und schaute weder den Trainer noch den Co-Trainer an. Sie ging, noch immer stampfend, zu den restlichen Auswechselspielerinnen. Die nächsten vier Punkte gingen (aufgrund technischer Fehler) allesamt an Mannschaft B.

Bleiben wir beim Volleyball. Versetzen wir uns als Erstes in die Lage der Personen, die diese Situation miterlebt haben.

Welche Gedanken könnten im Kopf des Trainers von Mannschaft A vorgekommen sein? Welche bei den eigenen Mitspielerinnen? Welche bei den gegnerischen Spielerinnen?

Was denken die Zuschauer von Mannschaft A und B über diese Situation?

Wenn wir uns nun in jede einzelne Person in dieser Sporthalle hineinversetzen wollen, werden wir irgendwann Kopfschmerzen haben. Die entscheidende Frage, die wir uns aber nun stellen müssen, ist: Wer konnte aus dieser Situation Profit schlagen?

Diese Frage beantwortet sich von selbst, denn Mannschaft A war für einige Zeit unkonzentriert und hat dadurch einige Punkte verloren. Jetzt ist dieses sicherlich keine große Erkenntnis, wenn wir nicht doch für einen kurzen Moment den Blickwinkel wechseln.

Hierfür ist es wichtig, sich mit der Gedächtnispsychologie auseinanderzusetzen. Grob gesagt und einfach formuliert, besteht unser Gehirn aus zwei Hälften. Der linken und der rechten Hälfte. Die linke Gehirnhälfte hat die Aufgabe, Situationen und Verhaltensweisen zu analysieren und zu reflektieren, damit wir daraus für die Zukunft lernen können. Die rechte Gehirnhälfte dient der Automatisierung von erlernten Bewegungsabläufen und Verhaltensweisen. Wenn es nun in unserem Leben eine Situation gibt, über die es sich lohnt, näher nachzudenken, wird vornehmlich unsere linke Gehirnhälfte beansprucht. In diesem Moment tritt die rechte Gehirnhälfte in den Hintergrund und es fällt uns schwer, auf Automatismen zurückzugreifen.

Für unsere Situation aus dem Volleyball bedeutet dies, dass alle Personen, die sich von der Spielerin haben ablenken lassen, für eine gewisse Zeit nicht auf ihre rechte Gehirnhälfte zugreifen konnten. Sie haben für einen Moment die Situation analysiert, haben sich vielleicht in die Person hineinversetzt. Kurz gesagt: Die Situation der Auswechslung hat sie persönlich beschäftigt.

Dieser Reiz kann unterschiedlich stark sein. Für den Balljungen hat diese Aktion keine besondere Bedeutung. Er kann schnell mit dieser Situation abschalten und sich wieder auf seine Aufgaben konzentrieren. Der Zuschauer, der vielleicht auch noch der Vater dieser jungen Frau ist, denkt vielleicht länger und intensiver über diese Situation nach und kann sich vielleicht parallel nicht am Gespräch seiner Nachbarn beteiligen. Objektiv hermeneutisch sind das alles nur Vermutungen. Fakt ist aber, dass die folgenden vier Punkte im Spiel allesamt an den Gegner gingen. Es liegt, aufgrund des bis dato souverän gespielten Satzes nahe, dass die Situation unter den Mitspielerinnen nicht einfach abgeschlossen werden konnte, sich einige Spielerinnen mit dieser Situation zu lange auseinandergesetzt haben und sich deswegen nicht mehr auf das Spiel konzentrieren konnten.

Ich bin mir sicher, dass der Trainer von Mannschaft A diese Situation für sich gespeichert hat und vielleicht nach dem Spiel oder im nächsten Training das klärende Gespräch mit Spielerin und Mannschaft gesucht hat. Es soll in diesem Kapitel auch weniger um Teamkohäsion oder Konfliktmanagement gehen, sondern eher um die Frage, wem diese Szene genützt hat und wem sie in Zukunft nützen könnte. Fakt ist: Die wütende, stampfende Spielerin von Mannschaft A war auch für die Spielerinnen von Mannschaft B ersichtlich. Auch bei den Gegnerinnen hat es einen Reiz gegeben, was mit der Aktivierung der linken Gehirnhälfte einhergeht. Wie stark dieser Reiz war, bleibt offen, denn für Mannschaft A war der Reiz um einiges größer.

Nach den verlorenen vier Punkten konnte Mannschaft A ebenfalls punkten und gewann schlussendlich den Satz und später auch das Spiel. Die Szene an sich bleibt aber weiterhin interessant, denn nehmen wir nun dieses komplette Schauspiel und projizieren es in ein anderes Spiel. In diesem Spiel trifft Mannschaft A auf einen Gegner, der kaum Fehler macht, der sich im Spielaufbau und in der Verteidigung durch nichts aus der Ruhe bringen lässt. Rückschläge in dieser Mannschaft werden durch den Zusammenhalt im Team kompensiert.

In diesem Spiel wechselt der Trainer von Mannschaft A wiederum diese besagte Spielerin aus. Wütend und schnaufend lässt sie sich auswechseln und ruft am besten noch in Richtung Trainer: „Du kannst mich mal am A**** lecken!" Der Trainer entgegnet wutentbrannt: „Setz dich sofort hin! Du spielst heute keine Minute mehr!" und die Spielerin setzt sich hin und hält sich beide Hände vor das Gesicht (vielleicht noch mit ein paar Tränen).

Nach diesem Schauspiel wird jede linke Gehirnhälfte einer jeden Person in der Halle aktiviert sein. Jede?

Was wäre, wenn es ein einstudiertes Schauspiel von Mannschaft A ist. Spielerinnen und Trainer sind im Bilde und werden somit weniger von diesem Reiz beeinflusst als ihre Gegnerinnen. Sie wären in der Lage, den Gegner psychisch zu stören und hätten somit auf dieser Ebene einen Vorteil, zumindest für eine gewisse Zeit.

Man muss an dieser Stelle beachten, dass der Reiz groß genug sein muss. Wenn sich der Trainer mit dem Schiedsrichter anlegt und es zu einem Wortgefecht kommt, dann stellt dieses sicherlich auch einen Reiz dar. Doch seien wir ehrlich, in welchem Spiel legt sich der Trainer nicht mit dem Schiedsrichter an?

Diese Methode führt sicherlich nicht zur totalen Überlegenheit, denn wenn sich dieses Schauspiel herumspricht, kann sich der Gegner darauf vorbereiten. Fakt ist, dass wir uns von unserer Umwelt beeinflussen lassen. Manche Situationen lassen sich trainieren, bei manchen sind wir machtlos; nicht selten gibt es Spiele, in denen sich ein Spieler schwer verletzt und beide Mannschaften keinen klaren Kopf mehr zum Spielen haben.

Wenn wir uns aber diese psychische Überlegenheit zunutze machen, können wir knappe Spiele für uns entscheiden.

Würde die Situation einer Beschwerde beim Schiedsrichter die Spieler der gegnerischen Mannschaft aus dem Konzept bringen? Oder ist die Beschwerde beim Schiedsrichter schon fast obligatorisch?

Autor: Steindy
Lizenz: CC BY-SA 4.0
https://upload.wikimedia.org/wikipedia/commons/6/62/Ebreichsdorf_vs._Austria_Wien_%28Cup%29_2017-07-14_%28120%29.jpg

Ein kleiner Tipp zum Abschluss dieses Kapitels. Wenn Sie als Spieler das Gefühl haben, in einer Situation gedanklich festzusitzen, also ihre linke Gehirnhälfte zur Höchstform aufläuft, dann ballen Sie ihre linke Hand einige Male fest zur Faust und halten den Druck für einige Sekunden. Es aktiviert sich dadurch die (wichtige) rechte Gehirnhälfte. Hierzu bietet die Aufmerksamkeitskontrolltheorie (ACT) von Eysenck, Derakshan, Santos und Calvo (2007) weitere psychologische Einblicke.

Wer 2:0 führt, der stets verliert

Zu Beginn dieses Kapitels stimme ich den Statistikern vollkommen zu: Es gibt keine mathematisch fundierte Grundlage für die oben benutze Überschrift oder den Titel des Buches. Nichtsdestotrotz schwebt ein Geist des Unbehagens über Spieler, Trainer und Zuschauer, wenn das eigene Fußballteam mit 2:0 in Führung geht.

In diesem Kapitel bleibe ich bei der Sportart Fußball. Ihre Aufgabe als Leser aus anderen Sportarten wird es sein, eine Parallele zu Ihrem Sport zu ziehen. In manchen Situationen werde ich selbst diese Parallele ziehen, werde aber nicht auf alle Sportarten zu sprechen kommen.

Die Ausgangssituation:

Mannschaft A spielt gegen Mannschaft B. Die Mannschaften haben von ihrem Trainer die nötigen taktischen Anweisungen bekommen. Sie stehen nun vor dem Anpfiff im Kreis und schwören sich auf das Spiel ein. Bekanntlich beginnt das Spiel (wie fast jedes Spiel) bei dem Spielstand 0:0. Wenn bei beiden Mannschaften eine gute physiologische Vorbereitung auf dieses Spiel stattgefunden hat, befinden dich beide Mannschaften im Bereich der Motivation, Konzentration und Aufmerksamkeit bei 100 %.

Spielverlauf

Es ist ein offenes Spiel mit Torchancen auf beiden Seiten. Mannschaft A geht in der Mitte der ersten Halbzeit mit 1:0 in Führung. Mitte der zweiten Halbzeit können sie sogar auf 2:0 erhöhen. Nach dieser Führung schaltet man den bekannten „Gang" zurück und lässt nun dem Gegner mehr vom Spiel. Dieses Nachlassen führt zum Anschlusstreffer 15 Minuten vor dem Ende des Spiels. Die noch immer zurückliegende Mannschaft B kommt zu immer mehr Torchancen und schießt kurz vor Schluss den Ausgleich. Mannschaft A sehnt den Abpfiff herbei, wird in der Nachspielzeit noch einmal kalt erwischt und fängt sich das 2:3. Der Schiedsrichter pfeift ab, Mannschaft B liegt sich in den Armen, Mannschaft A ist am Boden zerstört und einen Tag später liest man in der Zeitung von einer Sensation.

So oder so ähnlich wird es jedem von uns schon einmal ergangen sein. Eine sichergeglaubte Führung endete in einem Unentschieden, im schlimmsten Fall sogar in einer Niederlage.

Für ein solches Szenario fällt es schwer, die Ursache in den technischen Fähigkeiten und Fertigkeiten oder in der taktischen Ausrichtung der unterliegenden Mannschaft zu finden. Vielmehr ist auch hier wieder etwas in den Köpfen der Spieler vorgegangen, was zum Verlust der eigenen Führung führte.

Um uns in diese Situation hineinzuversetzen, fokussieren wir uns auf die Motivation der Spieler. Wir legen fest, dass ein kollektives Leistungsmotiv bei allen zugrunde liegt (Beispiel: „Ich/Wir möchte/n dieses Spiel gewinnen.“) Persönliche Motive („egal wie dieses Spiel endet, Hauptsache, ich stehe morgen in der Zeitung“; „egal wie dieses Spiel endet, Hauptsache, ich habe genügend Punkte geworfen“) bleiben in unserem Szenario außen vor.

Zu Beginn des Spiels, als die Mannschaften kurz vor Anpfiff im Kreis standen und sich gegenseitig auf das Spiel eingeschworen haben, lag die

Motivation bei allen Spielern bei 100 %, denn die Voraussetzung war, dass das Spiel beim Spielstand von 0:0 startet und es 90 Minuten dauert.

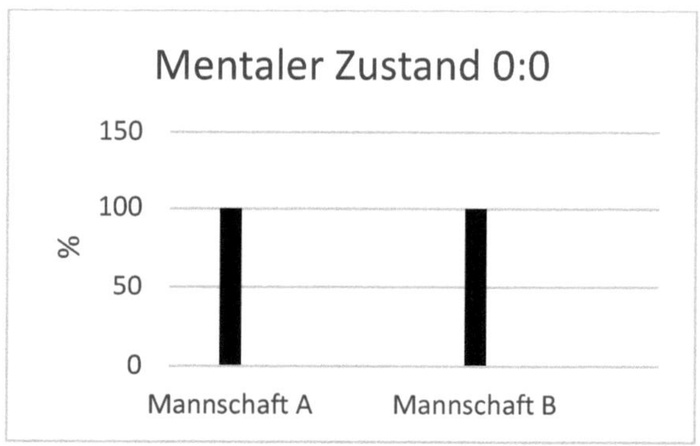

Solange das Spiel 0:0 steht, besteht auf beiden Seiten die Hoffnung auf einen Sieg, daher bleibt Motivation und Konzentration/Aufmerksamkeit bei allen Spielern sehr hoch.

Das Tor von Mannschaft A bringt dieses Gefüge etwas durcheinander. Mannschaft A freut sich über dieses Tor, sie sind ihrem Sieg ein Stück nähergekommen. Sie wissen aber, dass sie sich keine Fehler leisten dürfen, denn ein Tor von Mannschaft B egalisiert ihre Führung. Mit dieser Gewissheit bleibt die Konzentration von Mannschaft A weiterhin hoch.

Auf der anderen Seite herrscht ein wenig Enttäuschung bei Mannschaft B. Sie wissen, dass sie einen Rückstand aufholen müssen. Allerdings sind sie nicht hoffnungslos verloren, denn auch sie wissen, dass ein Tor von der eigenen Mannschaft zu einem Unentschieden (und somit zu einem Punktgewinn) führt.

Auch ihre Konzentration bleibt hoch.

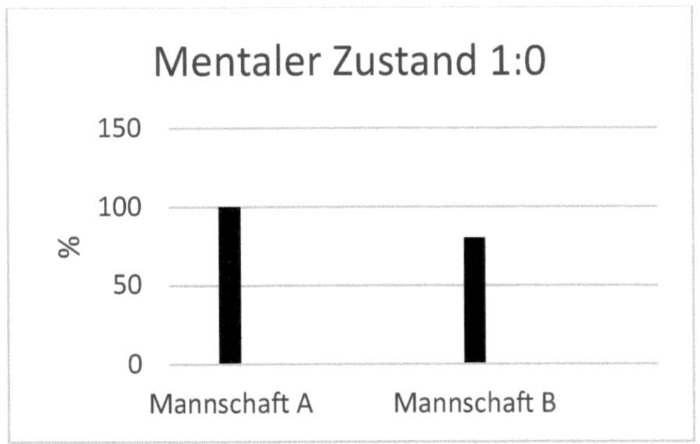

In der zweiten Halbzeit fällt nun das zweite Tor für Mannschaft A. Die Motivation und Volition (= Wille), dieses Spiel zu gewinnen, und somit auch die Konzentration nimmt auf beiden Seiten merklich ab. Mannschaft A weiß, dass das zweite Tor zu einem komfortablen Vorsprung geführt hat, denn auch wenn Mannschaft B ein

Tor schießen würde, bedeutet es immer noch die eigene Führung.

Ebenso verhält es sich bei Mannschaft B. Hier sinkt jedoch Motivation und Wille aus einem anderen Grund: Die Wahrscheinlichkeit auf ein Unentschieden oder gar einen Sieg sinkt rapide.

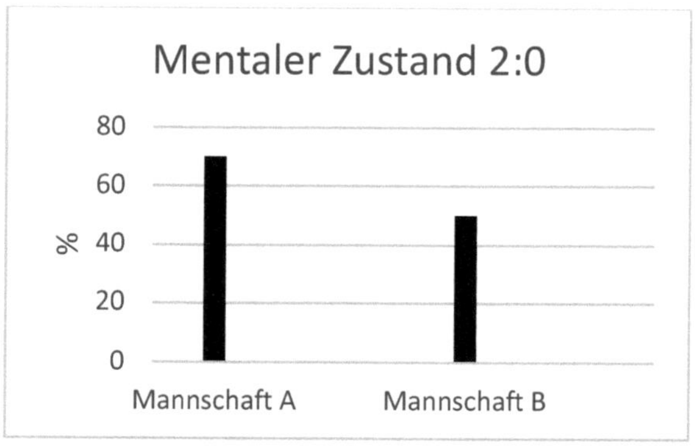

Es kommt nun zu einer entscheidenden Phase für alle Beteiligten. Welche Mannschaft büßt in ihrer Volition mehr ein?

In unserem Beispiel ist es Mannschaft A, vielleicht sogar durch Auswechslungen des Trainers gefördert.

Mannschaft B schießt das 1:2 und befindet sich nun in einem psychologischen Vorteil.

Für Mannschaft A wird es nun sehr schwierig, ihre Komfortzone (die 2:0-Führung) zu verlassen. Gepaart mit der Angst, dass ein weiteres Tor zu einem Unentschieden führt, fällt es den Spielern schwer, ihre Motivation und Konzentration wieder zu erhöhen.

Auf der anderen Seite spüren die Spieler von Mannschaft B, dass ein Unentschieden auf einmal wieder realistisch erscheint.

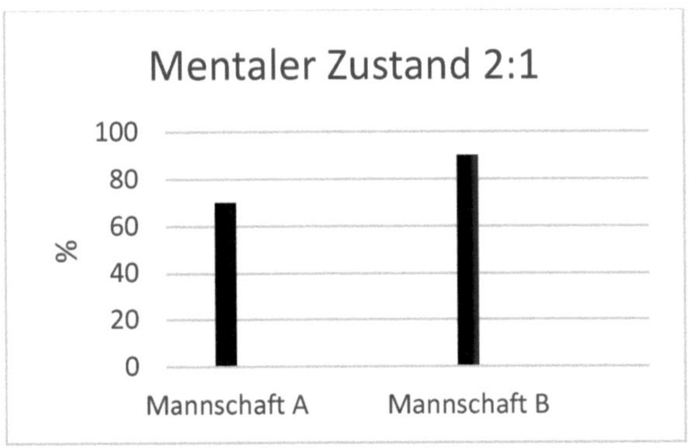

Mit diesem psychologischen Vorteil der Euphorie können sie Mannschaft A weiter unter Druck setzen und gelangen zu einem weiteren Tor.

Nun ist Mannschaft A psychisch (vielleicht auch physisch) am Boden, der Vorsprung wurde nun egalisiert und eine Niederlage erscheint nun durchaus realistisch. Es erscheint paradox, aber manche Spieler von Mannschaft A sehnen den Abpfiff herbei, um zumindest einen Punkt zu gewinnen. In dieser Phase wird es für Mannschaft A noch schwieriger, sich mental auf das Spiel zu konzentrieren und zurück zu ihrer Stärke zu finden, die sie über weite Teile des Spiels gezeigt haben. Als Trainer ist es zudem schwierig, zu den eigenen Spielern durchzudringen. Taktische Maßnahmen können die Situation der eigenen Mannschaft nicht verbessern. Sie haben nicht die Möglichkeit, eine Auszeit zu nehmen, um ihre Mannschaft noch mal zu motivieren und zu ermutigen.

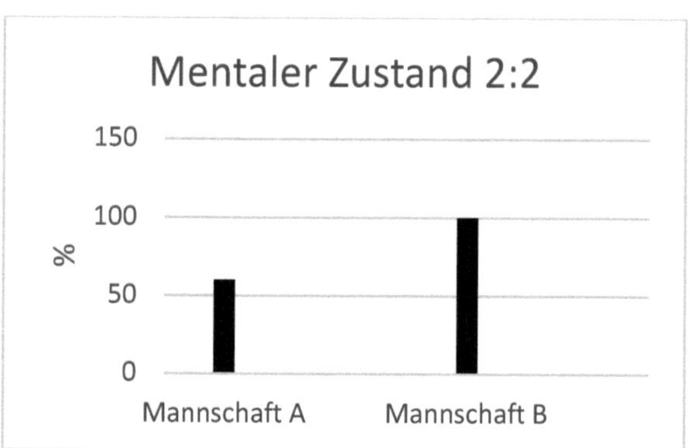

Dass das entscheidende Tor in der Nachspielzeit durch Mannschaft B geschossen wird, ist das Resultat einer desolaten psychischen Einstellung von Mannschaft A.

Wie kann man als Trainer oder Spieler von Mannschaft A dieses Unheil abwenden?

- Machen Sie sich die Situation bewusst. Nehmen Sie sich nach dem 2:0 ein paar Sekunden Zeit und versuchen, möglichst detailliert an die Situation zu Beginn des Spiels zu denken. Erinnern Sie sich, wie Sie sich im Kreis gegenseitig motiviert haben. Ihr Gehirn registriert diese Erinnerung als ein real stattfindendes Ereignis. Es kann nicht unterscheiden, ob das, woran wir gerade intensiv denken, auch just in diesem Moment passiert. Das Gute daran ist, dass unser Gehirn auf diese detaillierten Gedanken reagiert und die Ausschüttung von Hormonen veranlasst. Täuschen Sie Ihr Gehirn und machen Sie es ihm bewusst, dass es noch 0:0 steht.

- Nehmen Sie Mimik und Gestik des Gegners wahr und nutzen sie diese, um sich zu motivieren. Hängende Schultern, gebeugte Körperhaltung, Gesten der Enttäuschung oder Meckereien gegenüber den Mitspielern können zum Anlass genommen werden, das dritte und vielleicht das vierte Tor zu schießen. Bedenken Sie, dass mit jedem weiteren Tor die Motivation von Mannschaft B sinkt.
- Jubeln Sie ausgiebig! Beim ersten Tor ist der Jubel noch ausgelassen, weil sicherlich psychischer Druck abfällt. Bejubeln Sie das zweite Tor genauso. Der Gegner registriert (unterbewusst) Ihre Freude über dieses Tor. Fällt diese Freude verhalten aus, könnte der Gegner dieses zum Anlass nehmen, seine Motivation nicht zurückzufahren. („Sie nehmen ihr geschossenes Tor nicht mehr ernst, also werden sie auch im weiteren Spielverlauf nachlassen!") Zeigen Sie mit Ihrem Torjubel, dass Sie weiterhin gewillt sind, hoch konzentriert und motiviert zu spielen.

Ein ausgiebiger Jubel, vor allem bei einer Führung, nimmt Ihrem Gegner die letzte Hoffnung, dass das Spiel noch positiv für ihn ausgeht.

- Lassen Sie sich von der restlichen Spielzeit nicht beeinflussen. Bleiben Sie konzentriert, auch wenn nur noch wenige Minuten zu spielen sind. Führen Sie sich vor Augen, dass mit jeder Minute, mit der Sie konzentriert Fußball spielen, die Motivation des Gegners sinkt. Wenn Sie aber merken, dass die Motivation des Gegners sinkt, machen Sie nicht den Fehler und begeben sich in Ihre eigene

„Wohlfühlzone". („Der Gegner hat keine Lust mehr, also brauche auch ich mich nicht mehr anzustrengen.")

- Überlegen Sie als Trainer, wann es klug ist, einen Spielerwechsel vorzunehmen. Wenn Sie zu früh Ihren Leistungsträgern eine Pause gönnen und sie auswechseln, kann das mitunter zur oben beschriebenen Situation führen. Warten Sie ein paar Minuten ab und schauen Sie, wie sich der Gegner und auch Ihre eigene Mannschaft nach dem 2:0 verhalten.
- Nutzen Sie das mögliche 2:2 aus. Bis zu diesem Zeitpunkt haben Sie noch gehofft, vielleicht gezittert, dass Ihr Gegner nicht das 2:2 schießt. Sie waren unter enormen Druck, die knappe Führung über die Zeit zu bringen. Wenn aber der Ausgleich geschossen wird, fällt auch gleichzeitig der Druck von Ihren Schultern und es kann sein, dass Ihr Gegner zuerst einmal durchatmet. („Wir haben es geschafft, einen 0:2-Rückstand aufzuholen.")

Das ist wiederum die Chance Ihrerseits, die Kontrolle über das Spiel an sich zu reißen. Das spielt fängt nun wieder von vorne an, bei einem Unentschieden. Zeigen Sie dieses anhand von positiver Körpersprache.

- Fragen Sie sich als Trainer aus anderen Sportarten: Gibt es solche Momente auch in meiner Sportart? Gibt es Spielstände, in denen meine Spieler nicht mehr konzentriert wirken? Achten Sie auf Mimik und Gestik, die Ihnen signalisieren, dass der eine oder andere das Spiel nicht mehr so ernst nimmt. Vereinbaren Sie in solchen Situationen Rituale, mit denen Sie Ihren Schützlingen deutlich machen, dass sie jetzt (mental) nicht nachlassen dürfen.
- Bleiben Sie als Trainer konzentriert. Sie sind das Vorbild für die Mannschaft. Spieler merken, wenn Sie nicht mehr fokussiert sind. Hinterfragen Sie sich selbst, wie Sie sich bei einer komfortablen Führung verhalten. Burschikose Bemerkungen, kleine Witze mit der

Auswechselbank oder Ähnliches können mitunter zur Unkonzentriertheit in der Mannschaft führen.

Wie kann ich als Trainer oder Spieler von Mannschaft B den psychologischen Vorteil eines Rückstands nutzen?

- Machen Sie sich zu Beginn bewusst, dass es sich um einen Vorteil handelt. Am heutigen Tag (22.10.2023) gab es in den höchsten Ligen Europas (DEU; ITA; SPA; FRA; NIE) elf Spiele, in denen eine Mannschaft mit 2:0 geführt hat. In vier Spielen konnte diese Führung noch weiter ausgebaut werden und die Mannschaft gewann höher als 2:0. In zwei Spielen konnte die in Rückstand liegende Mannschaft zumindest das 2:1 schießen. Bei fünf Spielen konnte die in Führung liegende Mannschaft (2:0) keinen Sieg einfahren. Diese Statistik ist nur eine Momentaufnahme und nicht repräsentativ, aber sie kann Ihnen und Ihren Mitspielern Mut machen.

- Versetzen Sie sich in die Situation des Gegners und machen Sie sich bewusst, dass die Konzentration Ihres Gegenübers sinkt. Das ist Ihre Chance! Wenn Sie es schaffen, an einen positiven Ausgang dieses Spiels zu glauben, dann sind Sie auch in der Lage, einen Rückstand zu egalisieren.
- Sie haben als Trainer von manchen Sportarten die Möglichkeit, eine Auszeit zu nehmen. Sie sollten diese Auszeit nehmen, wenn Sie merken, dass sich Ihr Gegner in Sicherheit wiegt. Schauen Sie auf die gegnerischen Spieler, auf ihre Mimik und Gestik. Wenn Sie zum Beispiel das Gefühl haben, dass diese durch kleine Scherze, fehlende Körperspannung usw. das Spiel nicht mehr ernst nehmen, ist der Zeitpunkt gekommen und sie werden von der Auszeit profitieren. Natürlich dient diese Auszeit, um Ihren Gegner aus dem Tritt zu bringen. Sie sollten diese kurze Zeit aber dafür nutzen, Ihre Mannschaft wieder mental auf die Erfolgsspur zu bringen.

Zeigen Sie Ihren Spielern auf, dass der Gegner beim aktuellen Spielstand das Spiel nicht mehr ernst nimmt. Entwickeln Sie Rituale, die es Ihrer Mannschaft ermöglicht, von nun an befreit und ohne Zwang aufzuspielen. Technische und taktische Ratschläge sollten für den Moment außen vor bleiben.
Bei Sportarten mit lediglich einer Pause und zum Beispiel einem großen Spielfeld werden Rituale noch wichtiger. Vereinbaren Sie mit Ihren Spielern Zeichen, die sie darin erinnern, dass ein 0:2 ein gefährliches Ergebnis für den Gegner sein kann.
Egal aus welcher Sportart Sie kommen, diese Rituale müssen schon im Voraus trainiert werden, damit Sie in dieser Situation auf die mentale Stärke ihres Teams zurückgreifen können.

- Ihre Emotionen als Spieler oder Trainer haben Auswirkungen auf Ihre Mitspieler. Wir können nur einen kleinen Teil von Informationen wahrnehmen und verarbeiten, daher suchen wir in Situationen der Enttäuschung Ankerpunkte zur Orientierung. Wenn diese Ankerpunkte (meistens Führungsspieler, der Mannschaftskapitän oder der Trainer) die Emotionen „Ärger“ oder sogar „Trauer“ zeigen, hat das negative Auswirkungen auf die Motivation der ganzen Mannschaft.

Überlegen Sie sich daher gut, ob es Sinn ergibt, den (lautstarken) Konflikt mit dem Schiedsrichter zu suchen, weil Sie sich ungerecht behandelt fühlen oder Ihrer Mannschaft, durch eine positive Körpersprache (sternale Aufrichtung), signalisieren, dass noch nichts verloren ist.

- Wenn Sie es schaffen, den Anschlusstreffer zu erzielen, dann führen Sie sich vor Augen, dass Sie den wichtigsten Schritt gemacht haben. Ihr Gegner ist Ihnen nun psychologisch unterlegen und wird es sehr schwer haben, in das Spiel technisch und taktisch zurückzufinden.

  Wenn Ihr Gegner merkt, dass es zu einem negativen Ausgang des Spiels kommen wird, dann werden manche Spieler durch (übermäßig) harte Zweikämpfe versuchen, den Ausgang des Spiels zu beeinflussen, indem sie den Flow Ihrer Mannschaft unterbrechen.

Lassen Sie sich durch diese Zweikämpfe nicht vom Weg abbringen, auch wenn es mal wehtun sollte. Hier gilt es nun, kämpferisch dagegen zu halten. Halten Sie diesem stand, nehmen Sie Ihrem Gegner den letzten Funken Hoffnung.

Als Aufsteiger hast du einen Vorteil

Jeder, der schon einmal eine gute Saison gespielt hat und mit seiner Mannschaft aufgestiegen ist, weiß, dass mit einer neuen Liga auch neue Herausforderungen warten. Die Euphorie der gewonnenen Meisterschaft, gepaart mit einer gewissen Überheblichkeit der Gegner („die haben letzte Saison noch eine Klasse niedriger gespielt, so stark werden sie schon nicht sein"), können in der ersten Saison einige Punkte auf das Konto des Aufsteigers spülen. Viele Mannschaften schaffen es daher, in ihrer ersten Saison in einer neuen Liga einen respektablen Platz in der Tabelle zu belegen. Doch was passiert nach dieser Saison? Wie wird sich auf die zweite Saison vorbereitet? Welche Aufgaben kommen auf Trainerteam und Vorstand zu?

Dieses Kapitel handelt von der Analyse und Beurteilung von sportlichen Leistungen, die wir im Laufe einer Saison erbringen.

Im genannten Beispiel ist eine Mannschaft in die nächsthöhere Klasse aufgestiegen und bringt ihre Leistung in der neuen Saison. Diese

Leistung wird von allen im Verein bewertet, analysiert und gegebenenfalls werden Veränderungen vorgenommen. Spielt das Team lange Zeit schlecht, wird irgendwann die Trainerfrage gestellt. Erkennt man Defizite in der Mannschaft, wird nach adäquatem Ersatz auf der Position gesucht. In der Analyse von Leistungen, egal ob positiv oder negativ, wirken bei Leistungsveränderungen zwei Faktoren auf unsere Urteilsfindung. Zum einen spricht die Sportpsychologie über die **systematische** Leistungsveränderung und zum anderen über **zufällige** Einflüsse, welche die Leistung verändern.

Das Problem bei der Beurteilung einer Leistung ist, dass wir Menschen gewillt sind, zufällige Einflüsse als systematisch anzusehen und daraus zu einer falschen Beurteilung der Situation kommen.

Beispiel Basketball:

Basketballmannschaft A spielt als Aufsteiger eine gute Saison und belegt einen gesicherten Mittelfeldplatz. Alle in dem Verein sind stolz auf Mannschaft und Trainerteam, hat man am

Anfang der Spielzeit mit so einem guten Abschneiden nicht gerechnet. Die Leistung der Mannschaft wird durch viele Personen analysiert und beurteilt. Die Grundlage dieser Beurteilung stellt zum größten Teil die Statistik dar. Zu jedem Spiel gibt es eine Statistik und eine dazugehörige Tabelle. Der Vorstand ist zufrieden, denn die Tabelle „lügt" nie und Trainer wie auch Spieler sind voller Euphorie. Alle im Verein fangen an, eine systematische Leistungsverbesserung der Mannschaft zu erkennen.

An dieser Stelle soll man sich selbstverständlich freuen und den Erfolg genießen, man darf sich aber nicht von dieser Freude blenden lassen. Rufen Sie sich jedes einzelne Spiel ins Gedächtnis – vielleicht haben Sie sich Notizen gemacht oder es gibt sogar Videoaufzeichnungen. Setzen Sie sich mit der Mannschaft hin und lassen Sie sich jedes Spiel kritisch durch den Kopf gehen. Freuen Sie sich über die Siege, aber stellen Sie sich auch ehrlich die Frage, wie Sie dieses Spiel gewonnen haben. Je häufiger zufällige Einflüsse eine Rolle gespielt haben (Der Gegner hatte seine besten Spieler nicht dabei; Fehlentscheidungen der Schiedsrichter zu Ihren Gunsten;

Clutch Plays usw.), desto weniger kann man von einer systematischen (positiven) Leistungsveränderung sprechen.

Diese Situation mit einer ähnlichen Leistungsbeurteilung kann man auch negativ formulieren. Die Mannschaft verliert Woche für Woche. Irgendwann realisiert man nicht mehr, wie man verloren hat, sondern schreibt diese Negativserie einer systematischen Leistungsverschlechterung zu.

Ob positives oder negatives Erscheinungsbild: Wenn wir eine Serie von Niederlagen oder Siegen einfahren, kommen wir irgendwann an einen Punkt, an dem wir die Serie als systematische Leistungsveränderung ansehen. Diese kann in unseren Entscheidungen für die Zukunft massive Veränderungen bedeuten. Eine negative Serie kann dazu führen, dass das Training an falscher Stelle umgestellt wird oder dass vielleicht sogar der Trainer entlassen wird, obwohl die vielen Niederlagen durch zufällige Einflüsse entstanden sind.

Nach einer positiven ersten Saison in einer neuen Liga (siehe Beispiel oben) kann der

Vorstand zu den falschen Rückschlüssen in Bezug auf die nächste Saison kommen. („Wir haben als Aufsteiger eine großartige Saison gespielt, eine Verbesserung durch neue Spieler wird nicht nötig sein.“) Diese Einstellung kann zu negativen Folgen in der neuen Saison führen, wenn viele Siege durch zufällige Einflüsse zustande gekommen sind.

Eine Serie von Niederlagen bedeutet nicht, dass eine systematische Leistungsveränderung vorliegt. Entscheidend an der Analyse ist, wie man verloren hat. (Autor: FG Trade)

Die Sportpsychologie spricht an dieser Stelle von einer kognitiven Verzerrung.

- Selbstüberschätzung (Overconfidence Bias) führt dazu, dass Menschen ihre

Leistung subjektiv überschätzen. Diese Selbstüberschätzung führt wiederum zu einer Fehleinschätzung für die Zukunft.

- Rückschaufehler (Hindsight Bias) werden bei einer falschen Analyse der Vergangenheit begangen. Nach einer Serie von Siegen machen wir den Fehler und nehmen den Ausbau der Serie als vorhersehbar an. („Es war klar, dass wir auch dieses Spiel gewinnen.“) Gleiches gilt bei einer Serie von Niederlagen.

Wie kann man also Leistungen verlässlich analysieren?

Die Sportpsychologie benennt bei dem Fall von besonders guten oder besonders schlechten Serien die „Regression zur Mitte“. Man geht an dieser Stelle davon aus, dass besonders gute Leistungen nur erbracht werden können, wenn die systematischen und zufälligen Einflussfaktoren aufeinandertreffen. *(Vgl.: J. Schüler, M. Wegner, H. Plessner (Hrsg.), Sportpsychologie, Springer Verlag, 2020.)* Da es sich bei den zufälligen Einflussfaktoren um keine feststehende Größe handelt – man kann nicht davon ausgehen, dass man in jedem Spiel einen unberechtigten Elfmeter zugesprochen bekommt –, kann es sein, dass der Zufall irgendwann keine positiven Auswirkungen auf die Leistung mehr hat. Genau das Gleiche trifft auch bei einer negativen Serie zu.

Um eine verlässliche Aussage über Ihre Leistung oder die Leistung Ihrer Mannschaft zu machen, sollten Sie die Entwicklung der Mannschaft betrachten. Schauen Sie sich die Statistik an, versuchen Sie, möglichst viele Bezugsgrößen (Spiele, Wettkämpfe etc.) einzubeziehen und überlegen Sie, in welchen Spielen oder Wettkämpfen es zu positiven oder negativen Abweichungen in Bezug auf den entstandenen „Leistungsmittelwert" gekommen ist.

Je mehr Informationen und Statistiken in diese Analyse einfließen, umso genauer werden die zufälligen Leistungsschwankungen und dementsprechend auch die systematische Leistungsveränderung (positiv wie negativ). Anhand dieses Ergebnisses können Sie Veränderungen in Ihrer Mannschaft, in Ihrer Taktik oder in Ihrem Training vornehmen – oder auch nicht.

Du schaffst das! Nee, mach du lieber!

Es ist eine Situation, die Sie vielleicht kennen: Ein nervenaufreibendes Spiel geht zu Ende, Ihre Mannschaft hat die Chance, das Spiel zu gewinnen (oder nicht zu verlieren), und es kommt zu einer Situation, die Ihnen mental alles abverlangt. Der Freiwurf im Basketball, der Siebenmeter im Handball, der Elfmeter im Fußball, der Aufschlag im Volleyball usw. Von Ihnen wird verlangt, Ihre Leistung auf den Punkt zu bringen. Eigentlich keine große Sache, denken Sie wahrscheinlich, während Sie diese Zeilen lesen: alles Situationen, die man schon unzählige Male im Training trainiert hat.

Doch es ist anders; der psychische Belastungsdruck steigt ins Unermessliche. Es hängt von Ihnen ab, ob dieses Spiel für Ihre Mannschaft positiv ausgeht.

Nicht selten versagen einem (verständlicherweise) die Nerven und man schiebt die Verantwortung weiter. Doch woran liegt das? Warum trauen wir uns nicht, diese Verantwortung zu übernehmen, und wie schaffen wir es vielleicht beim nächsten Mal, die Situation zu meistern? Diese und weitere Fragen behandelt das folgende Kapitel.

Handlungs- und Lageorientierung

Bevor wir uns in die Analyse von Situationen begeben und versuchen, eine Handlungsmöglichkeit zu bieten, unterscheidet die Sportpsychologie zwischen zwei „Typen“ von Menschen.

Handlungsorientierung

Menschen, die handlungsorientiert sind, haben während ihrer sportlichen Leistung nur ihr persönliches Ziel bzw. das Ziel der Mannschaft vor Augen und können Misserfolge (Fehlpässe, Fehlschüsse, Fehler ...) während des Spiels schneller und besser verarbeiten.

Lageorientierung

Im Gegensatz dazu befassen sich lageorientierte Menschen häufig mit der Situation, die in ihren Augen schlecht gelaufen ist. Sie verweilen mit ihren Gedanken in dieser. Sie kommen hier nicht weg und überlegen, ob sie diese Situation schon einmal in der Vergangenheit hatten („Das war schon der zweite Aufschlag ins Netz“). Sie lassen die negativen Emotionen in der Gegenwart auf sich wirken („Ich bin viel zu schlecht für diesen Sport“; „Bin ich überhaupt in der richtigen Sportart?“) und überlegen sich, welche Auswirkungen ihr (schlechtes) Handeln für die Zukunft hat („Jetzt wird meine Mannschaft verlieren ...“).

In diesem Prozess verlieren Sie Ihr eigenes Ziel aus den Augen. Sie werden für einen bestimmten Zeitraum nicht mehr in der Lage sein, sich auf die sportliche Handlung zu konzentrieren.

Gegenüberstellung

In der Sportpsychologie werden diese beiden Typen unter der Berücksichtigung von drei Auswirkungen auf einen Sportler häufig gegenübergestellt.

1. Prospektiv (weitsichtig)
   Menschen, die in einer prospektiven **Lageorientierung** sind, werden die sportliche Handlung nicht direkt in die Tat umsetzen. Sie warten ab und gehen

verschiedene Handlungsmöglichkeiten durch. („Der Ball kommt zu mir … soll ich ihn direkt über das Netz schlagen? Spiele ich den Ball zu meinem Mitspieler?“)

Menschen, die prospektiv **handlungsorientiert** sind, verweilen nicht lange in Überlegungen, wie man was am besten machen soll. Sie kennen ihr Ziel und setzen den Weg dorthin rasch um. („Wenn ich die Möglichkeit bekomme, werde ich auf das Tor schießen!“)

2. Misserfolgsbezogen

   Menschen mit einer misserfolgsbezogenen **Lageorientierung** verweilen lange bei ihrem Misserfolg. Obwohl diese Situation bereits in der Vergangenheit liegt, schaffen es diese Personen nicht, damit abzuschließen, im Gegenteil: durch die negativen Gefühle und Fragen, die man sich selbst stellt („Was habe ich nur getan?“ „Soll ich lieber die Sportart wechseln?“) gelangt man in einen Sog, der einen mental nach unten zieht.

Menschen mit einer misserfolgsbezogenen **Handlungsorientierung** können ihren Misserfolg schnell hinter sich lassen und sich neuen Situationen zuwenden. („Ich habe den Korb nicht getroffen … macht nichts, gleich habe ich einen weiteren Versuch.“)

3. Tätigkeitsbezogen
   Menschen in einer tätigkeitsbezogenen **Lageorientierung** hemmen ihr zukünftiges Handeln durch Gedanken und Überlegungen, die nichts mit der Situation zu tun haben. („Heute sind aber viele Zuschauer in der Halle. Hoffentlich gibt es nach dem Spiel kein Verkehrschaos, ich muss doch pünktlich zum Abendessen zu Hause sein. Was gibt es eigentlich zu essen?“)

   Menschen in einer tätigkeitsbezogenen **Handlungsorientierung** können ihre Umwelt ausblenden und sich vollkommen auf das Spiel und ihre sportliche Leistung fokussieren.

Ihre Aufgabe als Leser besteht nun darin, dass Sie die Punkte eins bis drei nochmals durchlesen und sich selbstkritisch die Frage stellen, zu welchem Typ von Sportler Sie gehören.

Wenn Sie zu dem Ergebnis gelangt sind, dass Sie ein handlungsorientierter Sportler sind, kann ich Sie beglückwünschen. Gerade die tätigkeitsbezogene Handlungsorientierung ist für den Sport sehr wichtig.

Ordnen Sie sich der Lageorientierung zu oder spielen Sie vielleicht mit Sportlern zusammen, die eher lageorientiert agieren, kann das im Sport mitunter zu Problemen führen. Die Ursache hierfür ist meistens nicht im Sport zu finden. In unserer heutigen Gesellschaft ist Vorsicht geboten.

Hat man zum Beispiel einen Beruf, in dem der kleinste Fehler katastrophale Folgen hat, sichert man sich, verständlicherweise, mehrfach ab und überlegt im Zweifel noch ein weiteres Mal. Legen Sie diese Angewohnheit in Ihrer Freizeit beim Sport an den Tag, hemmen Sie sich in der Entscheidungsfindung, was der Gegner ausnutzen wird.

Des Weiteren ist das soziale Miteinander in stetigem Wandel. Fehltritte, mangelhafte Leistungen, anders denken, konstruktive (negative) Kritik usw. führen nicht selten zur Ausgrenzung aus dem Freundeskreis. Um dies zu vermeiden, passt man sich der Situation an, man schwimmt mit dem Strom, traut sich immer weniger zu. Das sind Merkmale, die aus unserem Privatleben in den Sport mitgenommen werden und dort zu negativen Erlebnissen führen werden.

Die wahrscheinlich größte Auswirkung von Gesellschaft auf Sport stellt jedoch das Handy dar. Zu keiner Zeit unserer Existenz waren wir abhängiger, als im Zeitalter des Mobilfunks. Durch Smartphone und Tablet sind wir immer weniger im Stande, uns über einen längeren Zeitraum auf eine Sache zu konzentrieren. Dieser unbewusste Druck, sich ablenken zu lassen, wirkt sich negativ auf unsere sportliche Leistung aus. Natürlich wird man sagen, dass das Handy während des Spiels nicht dabei oder sogar aus ist. Nichtsdestotrotz signalisieren wir unserem

Gehirn über Jahre, dass es sich nicht lange auf eine Situation fokussieren braucht. Die Ablenkung in unserer Gesellschaft ist einfach zu groß und wir werden immer weniger im Stande sein, ein selbst gestecktes Ziel motivational zu erreichen.

Wie schaffen wir es also, zu einem handlungsorientierten Menschen zu werden?

Vorneweg: Je älter Sie sind, umso schwieriger wird es. Sie können natürlich sagen, dass Sie als Kind der 80er- oder 90er-Jahre ein Leben ohne Smartphone kennen und Ihre größte Sorge als Jugendlicher darin bestand, dass das Tamagotchi-Ei nicht verhungerte. Es ist jedoch so, dass Ihr Gehirn bereits voll ausgebildet ist und eine Transformation viele Jahre dauern wird.

Wie so oft müssen wir im Kinder-und Jugendalter ansetzen. Natürlich gehört das Smartphone zu unserem Leben und ist nicht mehr wegzudenken. Jedoch kann man von Anfang an in Familie und Schule einen bewussten Umgang lehren und lernen. Muss man auf vier Social-Media-Plattformen angemeldet sein oder reicht vielleicht auch eine?

Aber auch im Sport muss es ein Umdenken geben. Kindern und Jugendlichen wird im Training und Spiel durch Worte und Gesten vermittelt, dass Fehler etwas Schlechtes sind. Kinder werden sich daraufhin immer weniger zutrauen und verharren in ihrer Entwicklung. Zeigen Sie als Trainer oder Mitspieler alternative Möglichkeiten auf, wenn etwas aus Ihrer Sicht nicht funktioniert hat. Integrieren Sie den Spieler in die Entscheidungsfindung mit ein und lassen Sie ihn selbst eine Lösung finden. Das wird für Sie viel Zeit und Kraft in Anspruch nehmen, denn die Fehler werden nicht nach dem ersten Ansprechen abgestellt sein. Sie werden jedoch im Laufe der folgenden Wochen und Monaten, vielleicht sogar Jahren erkennen, dass es zu einer positiven Entwicklung kommen wird. In einem leistungs- und titelorientierten Land wie Deutschland wurde diese Art der Förderung im letzten Jahrzehnt zunehmend vernachlässigt. Die Auswirkungen spiegeln sich in den Ergebnissen der letzten Jahre wider.

Um Ihnen eine Lösung des Problems vom Anfang dieses Kapitels zu bieten:

Wenn die Möglichkeit besteht, einen Spieler für eine wichtige Aufgabe, welche spielentscheidend sein kann, auszuwählen, dann entscheiden Sie sich für einen Spieler, der während des Spiels viele Fehler macht.

Ein Beispiel: Ein Stürmer im Fußball wird im Laufe des Spiels viele Fehler machen. Diese Fehler sehen meistens so aus, dass er das Tor nicht trifft. Tendenziell sind Stürmer misserfolgsbezogen handlungsorientiert. („Wenn ich das Tor nicht treffe, dann geht die Welt nicht unter. Ich bekomme bestimmt noch eine Chance.“) Anders verhält es sich mit Abwehrspielern. Aufgrund ihrer Spielposition wissen sie, dass ein Fehler mit hoher Wahrscheinlichkeit zu einem Tor des Gegners führen wird.

Welchen Spieler würden Sie aus psychologischer Sicht zum Elfmeterpunkt schicken? Den „Scheißegal“- oder den „bloß-keinen-Fehler-machen“-Spieler?

Ich bin der Geilste … not!

Ich hatte das große Glück, in meiner Fußballzeit ein Freundschaftsspiel gegen den SV Wehen-Wiesbaden (damals 2. Bundesliga) bestreiten zu dürfen. Vorab: Es gab keine Überraschung, man konnte von Anfang an den Klassenunterschied erkennen und meine Mannschaft verlor verdient mit 0:4.

Was ich allerdings erst im Nachhinein analysierte, war eine Situation in der Mitte der 1. Halbzeit. Ich habe bis zu diesem Zeitpunkt eine gute Partie absolviert, habe als damals 23-Jähriger mutig aufgespielt und Zweikämpfe am Boden und in der Luft gewonnen. Den Höhepunkt dieser guten Leistung erreichte ich in der Mitte der ersten Halbzeit. Einen Flugball meines Mitspielers, welchen man durchaus als Befreiungsschlag titulieren kann, verarbeitete ich im Mittelfeld technisch gekonnt, behauptete ihn gegen meinen Gegenspieler und setzte meinen Mitspieler mit einem sehenswerten Steckpass in Szene. Er lief allein auf das gegnerische Tor und verfehlte denkbar knapp. Danach ging es los: Mein Mannschaftskapitän („Super gemacht, Dominik!“) und Trainer („Klasse Aktion, Hotte!“) lobten mich in höchsten Tönen. Für mich war es tatsächlich nichts Besonderes, denn diese Situation des Lobens kam häufiger vor. Was bis zu dem Zeitpunkt allerdings noch nie vorgekommen war, war die Reaktion des Gegenspielers (ehemaliger Bundesligaprofi und heutiger Bundesligatrainer), gegen den ich den Ball behauptet hatte. Er kam zu mir und sagte: „Für solch eine Aktion würdest du bei uns sehr viel Geld verdienen!“ Mein Herz schlug höher und ich bin vor stolz mindestens 3 cm gewachsen. Ich dachte für mich: „Ich bin der Geilste!“

Was danach mit mir und meiner Leistung passierte, kann man kurz zusammenfassen: Ich war grottenschlecht, habe keinen Ball mehr richtig verarbeitet, keinen Pass zum Mitspieler gebracht und wurde völlig zu Recht in der Halbzeit ausgewechselt.

Ich konnte mir meinen Leistungsabfall lange Zeit nicht erklären, bis ich kurz nach meinem Sportstudium auf eine interessante Studie aus der Entwicklungspsychologie gestoßen bin, welche die negativen Seiten des Lobes aufzeigt.

Daraus stellt sich für dieses Kapitel die Frage, was ein Lob bei einem Spieler oder Gegner anrichten kann.

Lob in der Kindheit

Bereits im Kindesalter werden wir mal mehr, mal weniger von unseren Eltern und Erwachsenen gelobt. Wir wissen, dass uns ein Lob signalisiert, dass wir etwas gut gemacht haben. In der bereits erwähnten Studie haben *Brummelman* und *Kollegen* in drei Studien herausgefunden, dass übertriebenes Loben bei Kindern mit einem verminderten Selbstwertgefühl negative Auswirkungen haben. Den Kindern wurde in diesem Fall übertrieben suggeriert, dass sie ihre Aufgabe (ein Bild malen oder Mathematikaufgabe lösen) ganz besonders gut gemacht haben. Im Anschluss sollten sich die Kinder eine weitere einfache/mittlere/schwere Aufgabe aussuchen. Die übertrieben gelobten Kinder mit vermindertem Selbstwertgefühl scheuten die schweren Aufgaben und haben sich für die einfachsten Aufgaben entschieden. Kinder mit einem niedrigen Selbstwertgefühl, die normal, bzw. gar nicht gelobt wurden, wählten im zweiten Durchgang die schwierigste Aufgabe, trotz des fehlenden bzw. normalen Lobes. (Vgl.: Brummelman, E., Thomaes, S., Orobio de Castro, B., Overbeek, G., & Bushman, B. J. „That's Not Just Beautiful – That's Incredibly Beautiful!": The Adverse Impact of Inflated Praise on Children With Low Self-Esteem, 2014.)

Selbstreflektierend muss ich sagen, dass ich zum Zeitpunkt des Freundschaftsspiels (nicht bewusst) über ein mangelndes Selbstwertgefühl verfügte, da ich als junger Spieler sehr häufig die Bestätigung von Trainern, Mitspielern und Zuschauern gesucht habe. Das Lob meines Gegenspielers kann man in dieser Situation als Übertreibung werten, da es sich ja schließlich um meinen Gegenspieler gehandelt hat und dieses Verhalten während des Spiels alles andere als normal im Sport war. Da ich völlig auf die soziale Anerkennung von anderen Personen fixiert war, habe ich nicht gemerkt, wie ich - wahrscheinlich unbewusst - von meinem Gegenspieler manipuliert wurde.

Auswirkung auf den Sport im Jugendbereich

Viele Kinder besuchen im Laufe ihres Lebens die ortsansässigen Sportvereine. Sie werden von Trainern betreut und bleiben (hoffentlich) dem Sport lange treu. Wenn sie sich als Trainer in ihrem Sportverein engagieren, dann machen Sie sich bewusst, dass unter ihnen auch Kinder mit einem verminderten Selbstwertgefühl sind. Diese Kinder suchen sich einen Ankerpunkt und finden ihn in erster Linie bei Ihnen als Trainer. Sie haben dahingehend einen direkten Einfluss auf die Entwicklung des Kindes. Nun werden diese Kinder nicht mit einem T-Shirt herumlaufen, auf dem geschrieben steht: „vermindertes Selbstwertgefühl“. Sie müssen daher ein Gefühl für diese Kinder bekommen und auf Verhaltensweisen achtgeben. Sucht das Kind eine ständige Bestätigung bei Ihnen? Wirkt das Kind schnell motivationslos, wenn die Übung nicht funktioniert? Wird die Lösung eines Problems bei anderen abgeschaut? Scheut das Kind neue Erfahrungen?

Je länger man als Trainer arbeitet, umso mehr Erfahrung kann man diesbezüglich vorweisen. Versuchen Sie, diese Kinder zu fördern. Sie sind in diesem Fall Sportpädagoge und vertreten den Doppelauftrag: Erziehung im Sport und Erziehung *durch* Sport.

Sie müssen diese Kinder in ihrem Handeln bestärken, aber achten Sie darauf, in welcher Intensität sie es tun (s. o.).→Erziehung im Sport.

Geben Sie diesen Kindern Übungen, welche sie allein lösen müssen, und fördern sie dadurch ihre Selbstständigkeit.→Erziehung durch Sport. Für weitere Informationen steht Ihnen die Entwicklungspsychologie gern zur Verfügung

Auswirkung auf den Sport im Seniorenbereich

Lob im eigenen Team

Im Laufe eines Spiels gibt es viele Situation, in denen Sie als Trainer, Spieler oder sogar Zuschauer Ihr Team loben, aufbauen, ermutigen, ermahnen usw. müssen. All das geschieht auf unterschiedliche Art und Weise durch direkte Worte, Mimik und Gestik.

Hierbei gibt es grob gesagt einen Sender (der Lobende) und einen Empfänger (der Gelobte).

Der Empfänger

In einem Spiel oder auch in einer Trainingssituation werden sie von unterschiedlichen Personen gelobt. Gehen Sie diese einzelnen Personen in Gedanken nach und nach durch und schreiben Sie diese auf. Wenn Sie dies gemacht haben, erstellen Sie eine Rangliste angefangen bei Nummer eins (die Person, dessen Lob mir am meisten bedeutet) bis hin zu Nummer X (die Person, dessen Lob mir am wenigsten bedeutet). Machen Sie sich die Mühe und schreiben Sie wirklich jede Person auf, denn manchmal kommt es zu dem Phänomen, dass das Lob des Wurstverkäufers gar nicht so unwichtig für Sie ist.

Das Wichtige an dieser Liste ist, dass Sie ehrlich zu sich selbst sind und diese gründlich überdenken und für sich immer wieder neu reflektieren. Damit Sie sich weiterentwickeln können, ist es wichtig, dass Sie Personen wählen, die Sie nicht nur loben, sondern die auch den Mut haben, konstruktive Kritik an Ihnen zu üben. Nur dadurch werden sie stärker.

Nachdem Sie die Liste erstellt haben, müssen Sie nun das vertraute Gespräch mit Ihrer Nummer eins suchen. Auch wenn Sie diese Person schon über Jahre kennen, ist dieses Gespräch wichtig. Spiegeln Sie dieser Person Ihre Wichtigkeit für Sie und Ihren Sport. Erklären Sie, warum Sie sie zur Nummer eins gemacht haben.

Wenn Sie es schaffen, dass in Ihrer Mannschaft jeder (wohlgemerkt auch Trainer und Betreuer) so eine Liste erstellt und darüber gesprochen wird, bauen Sie kommunikative Hindernisse ab und fördern dadurch die Teamkohäsion.

Der Sender

Sie haben die Möglichkeit, mit ihrer verbalen und non-verbalen Kommunikation Mitspieler und auch Gegenspieler zu Höchstleistungen zu motivieren oder das Selbstbewusstsein jener zu zerstören. Hier kommt es darauf an, welche Rolle Sie in der Mannschaft spielen. Das Lob des Wurstverkäufers ist vielleicht für viele unwichtig, dementsprechend wird seine negative Kritik auch wenig interessant sein.

Wenn Sie aber (gewählter) Spielführer der Mannschaft sind, hat Ihr Wort in der

Mannschaft Bedeutung. Es ist von enormer Wichtigkeit, dass Sie Ihre Mitspieler sehr gut kennen und daher einschätzen können, was diese Person in dem Moment braucht. Braucht sie bei einem verfehlten Schuss Zuspruch? Muss sie aufgebaut werden? Muss sie lautstark angefeuert werden? Sagt man am besten gar nichts?

Als Trainer einer Mannschaft hat man nicht nur die Spieler auf dem Feld, mit denen man kommuniziert, sondern muss auf weitere externe Einflussfaktoren achtgeben. So könnten punktuell eigene Fans, die Schiedsrichter oder andere Akteure für Unruhe in Ihrem Team sorgen. Diese (negative) Kommunikation müssen Sie als Trainer abfangen, damit Sie nicht zu Ihren Spielern durchdringt, für Unruhe sorgt und zu Unkonzentriertheit führt.

Für Sender und Empfänger, sprich für Sie als Mannschaft, wird es eine große Herausforderung. Wenn Sie nicht in der glücklichen Lage sind, einen Sportpsychologen in Ihrem Team zu haben, müssen Sie die Kommunikationswege selbst in die Hand nehmen.

Setzen Sie sich im Mannschaftsrat zusammen und gehen Sie diese Herausforderung gemeinsam an. Die Vorbereitung auf eine neue Saison ist der beste Zeitpunkt.

Nutzen Sie Fragebögen, in denen die Spieler und Trainer in einem geschützten Raum ehrlich antworten können. Sie werden mehr von sich preisgeben als in einem persönlichen Gespräch. Ein persönliches Gespräch kann im Folgenden immer noch gesucht werden.

Vermitteln Sie im Anschluss zwischen den Personen, damit auch jeder im Team davon profitiert. Machen Sie allen bewusst, dass Kritik wichtig ist, diese aber konstruktiv und nicht verletzend sein sollte.

Überlegen Sie auch als Mannschaft, welche Rolle der Trainer während des Spiels einnehmen soll. Bevorzugen Sie eine ruhige und entspannte Person am Spielfeldrand oder brauchen Sie jemanden, der sie (lautstark) motiviert/„pusht“.

Achten Sie als Trainer auch darauf, dass Sie in regelmäßigen Abständen ein Feedback über Ihre Rolle einholen und versuchen Sie, Ihr

Verhalten auf und neben dem Platz kritisch zu reflektieren. Suchen Sie sich eine Person des Vertrauens, die Ihnen ehrlich antwortet. Nutzen Sie den Spielerrat, um sich ein Bild über die Stimmung in der Mannschaft zu machen.

Entwickeln Sie im Training Rituale, die Sie im Spiel anwenden können. Versuchen Sie eine offene Kommunikation in der Mannschaft zu etablieren, in der auch konstruktive Kritik geübt werden soll.

Autor: Laura Rincón von Pexels

Zum Abschluss dieses Kapitels lohnt es sich, den Blickwinkel noch einmal zu verändern. Sie haben mitbekommen, was ein Lob mit einer Person machen kann.

Sie selbst haben sich wahrscheinlich schon hinterfragt, was ein Lob mit Ihnen und Ihrer Leistungsfähigkeit macht.

Versetzen Sie sich nun in Ihren Gegner: Auch Ihr Gegner wird von seinen Mitspielern, dem Trainer und den Fans gelobt. Das ist eine Situation, die für ihn als „normal“ erachtet wird, weil er es aus der Vergangenheit kennt. Was aber in der Vergangenheit weniger oft vorgekommen ist, ist das Lob des Gegenspielers. Nutzen Sie dies aus und loben Sie ihn, denn es besteht die Hoffnung, dass er mit diesem Lob nicht umgehen kann. Oder etwas anders formuliert: Viele Sportler versuchen, die Leistung ihrer Gegner durch Beleidigung, Provokation usw. negativ zu beeinflussen, was mitunter zum genauen Gegenteil führen kann. Daher mein Ratschlag: Verzichten Sie auf negative Ausrufe und loben Sie ihren Gegner. Es besteht die Möglichkeit, dass es ihm so ergeht wie mir im obigen Beispiel und nebenbei macht es das Spiel insgesamt „freundlicher“.

Nachwort

Die angewandte Sportpsychologie ist ein großes Themenfeld, welches mehr und mehr an Bedeutung gewinnt. Viele Sportler kommen im Laufe ihrer Karriere an einen Punkt, an dem sie sich technisch, taktisch oder konditionell nicht mehr weiterentwickeln können. Spätestens zu diesem Zeitpunkt wird die Sportpsychologie bzw. das mentale Training von enormer Wichtigkeit werden. Ich habe Ihnen in diesem Buch einige Situation aus diesem Feld vor Augen geführt. Und auch wenn diese Phänomene (noch) nicht empirisch untersucht wurden, beschäftigen uns diese Situationen unterbewusst. Machen Sie sich demnach klar, dass ein zu langes Nachdenken über die ein oder andere negative, aber auch positive Situation zu einem Hemmnis im weiteren Verlauf führen kann. Trainieren Sie sich und Ihre Psyche regelmäßig, indem Sie individuelle Riten entwickeln, die Sie aus der Trance des Nachdenkens herausholen. Das können mitunter banale Dinge sein, die ein Außensteher noch nicht einmal als Ritus erkennt – ein Schnipsen mit dem Finger, ein Hüpfer auf einem Bein,

ein tiefes Ein- und Ausatmen usw. Wenn Sie Ihr Gehirn dahin gehend konditionieren, wird es sie in psychischen Belastungssituationen nicht im Stich lassen. Dieser Prozess braucht jedoch Zeit und kann nicht von heute auf morgen realisiert werden.

Achten Sie darauf, dass sie in Ihrem Team für andere eine Vorbildfunktion einnehmen. Gerade bei Rückständen ist es wichtig einen kühlen Kopf zu bewahren und Ihre Mitspieler aus einem mentalen Loch herauszuholen. Ob als Trainer oder als Spieler: Sie zeigen durch Ihre Mimik und Gestik, dass das Spiel noch nicht verloren ist.

Nutzen Sie die Möglichkeit sich in die Situation ihres Gegners hineinzuversetzen. Nehmen Sie bewusst wahr, wenn Ihr Gegenüber bei einer komfortablen Führung das Spiel nicht mehr ernst nimmt. Das wird Ihre Chance sein das Spiel zu drehen. Dies ist nur ein kleiner Teil der angewandten Sportpsychologie, dennoch ist es ein Anfang sich und seine Mannschaft auf die nächste Leistungsstufe zu heben. Ich finde es daher sehr wichtig, dass man in der (sportlichen) Entwicklung einer Person das mentale

Training in Form von Übungen genauso in den Verlauf einer Trainingseinheit einbauen sollte, wie das Trainieren von technischen und taktischen Fähigkeiten, bzw. Fertigkeiten. Hierzu bedarf es nicht der Angehörigkeit eines Sport- und Leistungszentrums, sondern auch im Amateurbereich kann man als Trainer seine Spieler mit einfachen Situationen mental trainieren.

Wir alle streben in unserer Sportart nach Erfolg. An unserer Motivation wird es nicht liegen. Manchmal steht uns aber unser eigener Kopf im Weg, um die nächste Leistungsstufe zu erreichen.

Foto: Engelbert Zimmer

Quellenverzeichnis

Brummelman, E., Thomaes, S., Orobio de Castro, B., Overbeek, G., & Bushman, B. J. (2014). „That's Not Just Beautiful – That's Incredibly Beautiful!": The Adverse Impact of Inflated Praise on Children With Low Self-Esteem. SAGE Publications Inc.

Robinson, D. W., Howe, B .L. (1989). Appraisal Variable/Affect Relationship in Youth Sports: A Test of Weiner's Attributional Model. Journal of Sport & Exercise Psychology, 11.

Schüler, J., Wegner, M., Plessner, H. (2020). Sportpsychologie – Grundlagen und Anwendung. Berlin: Springer.

Über den Autor

Dominik Horst ist Lehrer am Gymnasium Sundern und unterrichtet die Fächer Sport, Mathematik und Katholische Religion. Seine Leidenschaft gilt vor allem dem Sport, sowohl im Unterricht als auch außerhalb der Schule. Als aktiver Fußballer spielte er bis in die Verbandsliga und engagiert sich als Betreuer im Volleyball. Nach seinem Lehramtsstudium mit Schwerpunkt Sportpsychologie in Mainz widmete er sich insbesondere den psychologischen Aspekten des Sports und deren Bedeutung für Leistung und Teamgeist.